BLUE
THUNDER ONE

PHILOSOPHY FOR YOUNGSTERS

Rich Kieper
Elena Quevedo MD

To order additional copies of this book, please contact:
Palibrio
1663 Liberty Drive
Suite 200
Bloomington, IN 47403
Toll Free from the U.S.A 877.407.5847
Toll Free from Mexico 01.800.288.2243
Toll Free from Spain 900.866.949
From other International locations +1.812.671.9757
Fax: 01.812.355.1576
orders@palibrio.com

ISBN: Softcover   978-1-5065-4773-2
               Ebook   978-1-5065-4774-9

Library of Congress Control Number: 2022911466

Print information available on the last page

Rev date: 17/06/2022

Blue Thunder One

Philosophy for Youngsters

Rich Kieper, Elena Quevedo MD

1. ENEMIGO

Ama a tus enemigos…¿Quienes son?

Hace mucho tiempo alguien dijo "Ama a tus enemigos". (Mateo 5:44)

¿Te recuerdas de eso? Ver si y ver no. Algunos de ustedes deben verse más viejos de lo que son.

Jesus dijo…*ama a tus enemigos.* Que quería decir? Quiso decir toma una espada y cortarle la cabeza a tus enemigos? No.

¿Quién es tu enemigo? Es la persona que te robo tu bicicleta, es ese tu enemigo? La persona que te roba tus libros escolares y los pone en una cima…es el tu enemigo? ¿Son tus padres los enemigos porque te hacen cumplir con tus quehaceres?

Sin una bicicleta tendrás que caminar y tus piernas se harán más fuertes. Si tuvieras que subir una cima para conseguir tus libros escolares tus piernas se harían mucho más fuertes. Haciendo tus quehaceres te harías mas fuerte todavia!

¿Quién es tu enemigo? ¿Qué es esto que tengo aquí? ¿Un espejo?

¿Tus músculos se hacen más fuertes centandote frente a la televisión? Tu cuerpo se hace más fuerte cuando te comes una golosina en vez de un vegetal? Tu mente se hará más fuerte cuando sales a jugar en vez de hacer tus tareas de la escuela?

¿Es mejor ser fuerte que débil? **¡Fuerte! Si!**

¿Amas a las cosas que te hacen fuerte? **Si!**

¿Debes amar a las personas que te hacen fuerte? **Si!**

¿Quién es tu enemigo? (Mira al espejo) **Eres tú el enemigo? Ama a tu enemigo.**

2. SECRETOS

Un libro y una pluma.

¿Para qué sirve un libro? ¿De que está lleno? ¿Comida? Agua? Palabras? Frases?

Que tal plumas.

Para que drive una pluma? Reñiscar? Llenar una almohada? Para escribir con ella?

Si dejo caer una pluma hará un gran ruido cuando toque el piso? Un ruido fuerte que te da miedo? No si cae suavemente.

Si dejo caer este libro entonces qué pasaría? Caería silenciosamente? Hará mucho ruido? Esto es un diccionario. Sabes lo que es un diccionario? Si lo arrojó al piso hará mucho ruido? Se caerían las letras y palabras? Se mezclaran?

Hace milenios de años...que usaban para escribir? Plumas. ¿Que escribían? En todos los libros de la biblioteca...que escribían? Escriban frases? Escribían parágrafos?

Si escribo algo, cierro el libro y no te digo que escribi? Sí le susurro algo en el oído que le susurre? (Un secreto)

¿Qué es más grande que una carta, una palabra, una frase o un parágrafo? (Una idea)

¿De que está llena la Biblia? Ideas y secretos? De que están llenas las bibliotecas? Ideas y secretos? Comparte la riqueza de los secretos, y lee la Biblia.

Gracias a Dios por los libros y las plumas.

3. LIBRE PARA ESCOGER

Un zapato y un automóvil.

Eres un zapato de esos que se ilumina cuando corres? Eres tú uno de esos zapatos que es necesario llenarlo de aire? Eres tú un zapato?

Quién eres tú? Cual es tu nombre? Eres tú más que un nombre? Eres tú un atleta? Eres un bailarín? Eres tú un intelectual? Eres una televisión? Eres más que un nombre?

Tu nombre es como la agarradera de una cafetera. Alguien dice tu nombre y te volteas a verlo. Eres una taza de café?

Qué color de automóvil es tu color favorito? De verdad te gustan los autos poderosos? De verdad te gustan los autos bien rápidos? Qué tal un convertible rojo? Eres tu un auto?

Qué podrías poner dentro de esa taza para café? Limonada? Agua? Cualquier cosa, incluido el café? Qué tal los zapatos? Caberias tus pies en zapatos talla 77? Si? Tendrías que crecer para llenar esos zapatos. Que tal lo del automóvil…caberías en el auto? No con los zapatos tamaño 77.

Quién eres? No eres una taza de café, ni un zapato ni un automóvil. No eres el manejo de la taza. Eres un manojo de sentimientos y pensamientos? Si!

Eres la persona que llena la taza, el zapato o el auto? Si! Puedes elegir con qué llenarlas. Puedes escoger con llenar tu mente y el corazón. Pero como?

¿Quién deseas ser? ¿Qué quieres ser? Escoge. Escoge amigos en los que puedas confiar. Lee grandes libros. Escoge libros acerca de gente con la que puedes confiar. Lee la Biblia. Llena tus tazas (tu corazón y tu mente) con los pensamientos de la gente que te gusta. Haz esto todos los días de tu vida? Entonces…se como esas grandes personas. Quién eres? Eres tú la suma de todos tus pensamientos y sentimientos?

Gracias a Dios por los zapatos, tazas, automóviles y la libertad para elegir.

4. FUERZA

Una peluca y una sonrisa.

¿Sabes quién era Samson? (Judges 14-16) Cómo se ganaba la vida? Era un policía? Era un catador de donas? ¿Qué clase de auto manejaba? ¿Era un guerrero antiguo? Si! ¿Usaba una peluca? ¡No! ¿Tenía mucha Fe en Dios? Si!

Samson le tenía miedo a sus enemigos? ¿Que tenía el que ellos querían? Su fuerza? Su coraje? El tenía Fe en el Señor.

Una vez cuando estaba en el desierto, (pensando en lo sediento que estaba), fue emboscado y atacado por sus enemigos. No tenía espada en el bolsillo, levantó los huesos de la mandíbula de un mula muerta y lo usó para matar a 1,000 de enemigos.

Entonces qué hicieron sus enemigos? Siguen buscando el secreto de su fuerza. Samson tenía una amiga que se llamaba Delilah. ¿Qué hizo ella? Lo engañó para que le contara su secreto. Le dijo a sus enemigos de Samson que su fuerza estaba en su larga cabellera y ella le cortó el cabello. (Tiro la peluca en el piso). Que paso despues? Fue capturado por sus enemigos y lo encadenaron en los pilares de un gran templo y le sacaron los ojos.

Que paso despues? ¡Celebraron! Se reían de él, se mofaban de él. Decían ´´Este es el Gran Sansón´´y le pegaban en las costillas. ¿Qué hizo Samson? El Oro por el regreso de su fuerza. Sabía que su fuerza realmente provenía de su fe en el Señor. El Señor le devolvió sus fuerzas. Él sonrió. Derribó el templo sobre sus enemigos y sobre sí mismo. Todos murieron.

Tu fuerza está en tu pelo o en tu sonrisa? Está en tu Fe.

Gracias a Dios por tu Fe Fuerte.

5. DIRT

¿Por qué hay tierra?

Esa es una pregunta muy interesante.

Así es que 2,006 niños de 6 años puedan mezclar 20,000 galones de agua con 200 toneladas de tierra, y ser coronados Sr. y Sra. lodo.

Así es para que las flores puedan crecer. ¿A qué huelen las flores?

Así es que las madres pueden lavar ropa.

Así que las industrias de jabón puedan darle empleo a la gente.

Así es que podemos ver al calvo Sr. Limpio y tornados blancos en la televisión.

Así es como los gusanos tienen un hogar y las gallinas puedan rascarse.

Así es que lo podemos usar para enterrar nuestra basura.

Así que los ríos tienen riberas para guiar el agua.

Así que tenemos un lugar donde pararemos cuando estemos afuera.

Así que podemos limpiar y pintarse las uñas.

Así que los árboles puedan crecer y los pájaros tengan un lugar para poner sus nidos.

Así para que los gatos puedan ser rescatados de los árboles.

Así que las preguntas sabias puedan ser pedidas.

Pero lo más importante de todas…es que los agricultores de todo el mundo puedan cultivar la comida que alimenta a los jóvenes y a los viejos, a los Americanos y a los chinos, a los ricos y a los pobres, a los cojos y sanos, a todos los humanos… a todos los seres vivos. Sin comida no habría gente que tenga pensamientos para hacer que estos crezcan. Y sin pensamientos, no habría preguntas como…porqué hay tierra?

Has descubierto un gran secreto.

Gracias a Dios por la tierra.

6. DULCE Y AGRIO

Pastel de chocolate y limón.

Vamos a hacer un pastel. ¿De qué tamaño lo quieres? Hagámoslo no muy grande, no queremos el glaseado en el techo. ¿Que grande quieres el pastel? ¿Quién es el cocinero? Necesitaremos una carretilla y un recipiente muy grande, una cazuela para pasteles grande y una cuchara gigante. ¿Cómo hacemos un pastel? Combinamos azúcar con especias, una mezcla de leche y huevos (no gallinas porque sus plumas hacen cosquillas) y se mezcla. Se hornea, el horno se calienta, ¿ya está listo? ¿Lo puedes oler? No puedes tener un pedazo todavía…se tiene que enfriar. ¿A qué huele? Necesitamos un balde grande y una cazuela de glaseado.

Mientras el pastel se enfría (asegurate que el horno no esté prendiendo) no pensemos en ese limon gigante. Los limones son cuadrados, verdad? ¿De qué color son los limones…púrpuras? ¿Redondos y amarillos? No son jugosos, ¿verdad? Cuando lo corté con el cuchillo no se exprimira el líquido…¿verdad? Más vale que abras un paraguas por si acaso.

Voy a necesitar un cuchillo gigante para cortar el limón. ¿Podremos usar el mismo cuchillo para cortar el pastel? ¿Ya se enfrió el pastel? Vamos a ponerle el glaseado encima.

¿Quieres una rebanada de este jugoso limón? Levante la mano. ¿Cuántos quieren una rebanada de pastel primero? Tienes que probar lo agrio de la vida para después disfrutar lo dulce del pastel de chocolate. Gracias a Dios por los limones. Sin el limón no disfrutariamos del toque de azúcar en la limonada.

¿Hay suficiente pastel para tus vecinos? ¿Hiciste este pastel lo suficiente grande como para compartir? ¿Deberías darle a tu vecino el limón y quedarte con el pastel? Comparte el limón y el pastel, la tristeza y la alegría.

Bueno, ¿quien quiere lavar los trastes? Levante la mano. ¿Quién quiere lamer la cazuela en donde estaba el glaseado?

Gracias a Dios por el limón y por el pastel, por la tristeza y por la alegria.

7. DECIDE

Una pelota y un avión.

¿Es una pelota de baloncesto? ¿Es esto un avión? ¿Qué es la libertad?

Imaginate...tu eres un piloto y esta pelota es la tierra. ¿Alguna vez has volado un avión como éste? Tenemos que mover todo ésto. Hecho.

Estás sentado en la silla de piloto. Listo para despegar. Pista despejada lista para el despegue. ¿Están los cinturones de seguridad puestos? Empieza a moverse, siente bien en la silla y allí vamos! ¡Si! ¡Si! ¿Ahora que?

No nos perdamos, ¿ahora que? ¿Podremos volar a alguna parte? ¿Podríamos volar boca abajo? No niegues la limonada. ¿Ya estamos perdidos? ¿Dónde estamos? Tenemos que saber donde estamos para poder ir a donde vamos. ¿A dónde queremos ir? ¿Madagascar?¿China?¿Burger King? Vamos a África. ¿Cómo llegamos allá? Volar sobrepasando Europa y luego doblar a la derecha. ¿Dónde estamos? ¿Ya estamos perdidos?¿Es esto la libertad?

¿A dónde vamos? ¿Dónde estamos? ¿Qué es la libertad? Vamos a contestar ciertas preguntas. Estamos en la iglesia. Vamos a donde quieres que vayamos. ¿A dónde quieres ir? ¿Dónde quieres estar? ¿Qué quieres ser? Tu tienes que decidir. ¡Toma una decisión! Es tu decisión. Depende de ti en cuanto a que vas a hacer en tu vida. Puedes ser lo que tu quieres. ¿Médico, maestro, abogado, científico o pastor? Lo único que tienes que hacer es decidir. Decidir y apuntar ese avión a tu objetivo. ¿Qué es la libertad?

¿Qué es libertad? Tu eres libre de elegir tu objetivo. Eres libre de trabajar cuan duro quieras. Eres libre para cambiar de objetivo. ¡Eres libre de pensar lo que quieres! ¿Quién es un médico aquí? ¿Quién es un abogado?¿Quién es un científico? ¿Quién es un pastor? Tú decides.

Vamos a aterrizar este avión. ¿Están puestos los cinturones de seguridad? ¿Crees que necesitaremos paracaidos? Es un aterrizaje suave y bueno. No, no quiero que mis dientes aterricen en tu sopa…aterriza suave y lentamente. ¡Bueno! Estamos aquí. Gracias a Dios por los aterrizajes seguros. No se te olvide quitarte el cinturón de seguridad…no quieres regresar el avión a tu asiento, ¿o si?

Gracias a Dios por la libertad y la sabiduría para escoger.

8. TU FUTURO

Tres pájaros petirrojos y una cantera. ¿Qué hacen estos pájaros para sobrevivir? ¿Volar? Decimos que es la primavera, en esta época del año estos pájaros buscan comida y tienen gusanos para ponerle en sus bolsillos. ¿Estos pájaros tienen bolsillos? ¿Por qué necesitan tantos gusanos?¿Van ellos de pesca marina?

¿Alguna vez has oído de las tres aves que encontraron una carterita? ¿No? Había (3) billetes de $100 en la carterita. ¿Qué hicieron? Trataron de encontrar al dueño, pero no lograron. Se dividieron el dinero. ¿Qué harías tú con $100? ¡Esto serviría para comprar un cono de helado gigante!

Pasó un año y los tres pájaros se reunieron en el mismo árbol durante la primavera. ¿Qué hicieron con el dinero? ¿Has visto a estos pájaros que se le ven sus piernas cortas que sus barrigas pegan a la tierra?¿O es que sus bolsillos están llenos de lombrices?

¿Qué hizo él primero con ese dinero? Su pancita estaba tocando el piso, no se le veían sus pies. Dijo que se había gastado el dinero en whoppers..y se comió muchos de ellos, por eso se parecía como un whooper.

¿Qué hizo el segundo con todo ese dinero? Su barriga no estaba tocando el piso, estaba flaco. Dijo que todavía tenía $50. Dijo que había comprado la lotería y sacó un boleto no ganador y se lo enseñó a los demás pájaros.

¿Qué tal el tercer pájaro…Cómo se veía?¿Su barriga estaba tocando el piso?¿Qué hizo con el dinero? Dijo que ya no tenía dinero. Dijo que había comprado unos libros. Fue a varias ventas de yarda y compro libros. Compro, vendio y cambio libros. ¿El leyó algunos de esos libros? ¡Si lo hizo! ¿Qué clase de libros te gustan a ti?

Tres pájaros petirrojos y una cartera. ¿El primer pájaro gastó sabiamente su dinero? ¿Tenía algo que mostrar por ello? ¡Una barriga gorda! ¿Qué tal el segundo? ¿Apostó y perdió? ¿Qué tal el tercero… tenía algo que mostrar? ¿Una biblioteca? ¿Su propia biblioteca? Libros llenos de secretos. ¿En que vas a gastar tu dinero?

Gracias a Dios por los pájaros petirrojos y los libros.

9. UNA ADVERTENCIA

La corteza de un árbol y un árbol.

¿Por qué los árboles tienen corteza?

¿Es para mantener la madera dentro del árbol?¿O es para mantener las hojas verdes que se esconden en el invierno?¿Es la corteza del árbol silencioso o escandaloso? Algunos árboles son verdes todo el año.

¿Qué tal un perro? ¿Tiene corteja para mantener las hojas? Algunos perros son de color chocolate…es de alli de donde vienen las hojas cafes durante el otoño? ¿Por qué le llama otoño?

¿Un perro ladra suavemente o escandalosa mente? ¿Suenan amigables o malos?¿Pueden los ladridos colgar de los bolsillos?¿De qué color es un ladrido?¿Puedes colorearlo como amistoso?

Hay perros que no son amistosos. Al igual que algunos perros son malos, también lo son algunas personas….¿puedes nombrar algunos? ¿Padres que te obligan a comer vegetales?¡¡La niñera que te cuida?!

Personas, perros y árboles. Todos tienen una coteja. Algunos ásperos, algunos ruidosos, algunos peores que su mordida. ¿Puedes decir la diferencia entre su ladrido y sus mordeduras? ¿Los árboles muerden?

Una vez que atraviesas la corteza de un árbol, encuentras que el árbol interior está tierno. Es lo mismo con el ladrido de los perros, una vez que lo superas, el perro en sí suele estar tierno. Así también con la gente.

La corteja protege al árbol. El ladrido de un perro te puede proteger a ti. Un adulto a veces ladra para poder protegerte.

Gracias a Dios por los árboles y ladridos

10. MIEDO

Una muñeca y un camión.

¿Dónde se esconden las muñecas? ¿Dónde se esconden los camiones? ¿En el armario? ¿Debajo de tu cama?

¿A qué le temes? ¿Tienes miedo a los ruidos fuertes? ¿Tienes miedo de caer? ¿Le tienes miedo a la oscuridad? ¿Tienes miedo de los cuchillos grandes, las serpientes, las arañas, los insectos o las ranas?

(escucha las respuestas de los niños)

¿Qué miedo es real? ¿Qué miedo se imagina? ¿Qué significa la palabra "imaginado"? (algo que realmente no está allí) ¿Quién puede arreglar las cosas reales de las que tienes miedo? ¿Tus padres? ¿Los bomberos? ¿Policías? ¿El ejército? ¿El reverendo Ford?

¿Tienes miedo de un monstruo en la oscuridad? ¿De un ruido en el armario o debajo de la cama? ¿O un ruido en el sótano? ¿De Jennifer conduciendo un coche?

¿Quién puede arreglar los miedos ´imaginados´? ¿Las mismas personas que mencionamos antes? ¡Sí! (tus padres, bomberos, policías, el ejército, Reverendo Ford)

¿Son todas estas personas en las que puedes confiar? ¡Sí! ¿Qué es la confianza?

¿Son personas en las que tienes fe? ¡Sí! ¡Qué es la fe!

¿Tiene una muñeca o un camión tu fe o tu confianza? No, solo las personas tienen esas cosas.

Gracias a Dios por la gente que puedas tener fe y confianza en.

Gracias a Dios por los padres.

11. ARITMÉTICA

¿Faithchyrus?

¿Qué es esa palabra? Si multiplicamos la ¨h¨ por dos y se lo añadimos a ¨faith¨, tenemos FAITH. ¿Qué significa fé, que es la fé? Si multiplicamos la ´t´ en la palabra faith por 4 tenemos suficientes letras para tener la palabra ´trust´ (confianza). Si multiplicas otras letras esa palabra extraña, tendríamos suficientes letras para formar la palabra charity (caridad).

¿Qué es la fe?¿Qué es la caridad?¿Qué es la confianza?

¿Fe? Si saltas a un charco de lodo con ambos pies, ¿qué pasaría? La persona más cercana se mojaría. ¿Tú crees eso? Eso es fe... creer que algo sucederá. Doleria si esa persona te golpea en la barriga porque la enlodaste. Creerlo eso también es fe.

¿Caridad? ¿Qué es la caridad? ¿Es regalar algo? ¿Sí? Algo que verdaderamente quieres conservar. Esa es la mejor forma de caridad.

¿Qué es la confianza? Un banco y una compañía fiduciaria... ¿Alguna vez has oído hablar de eso? ¿Confías en los banqueros? Más vale que sí porque tienen nuestro dinero. Confianza es la Fe que le depositas en una persona.

Fe en eventos, confianza en la gente y caridad en dar. De la semana pasada…podríamos eliminar el miedo imaginado teniendo Fe en los eventos y fe en Dios, teniendo Confianza en las personas, y dando esa fe y confianza generosamente en forma de caridad.

¿Quién dijo…creced y multiplicaos? (Genesis 1:22) ¿Estaba hablando de multiplicar letras, palabras, pensamientos, sentimientos o algo más? Multiplica tu fe, tu confianza y tu caridad.

Gracias a Dios por la multiplicación.

12. UNA SONRISA EN EL BOLSILLO

Doctores y perros.

¿Alguna vez un perrito te ha lamido la mejilla? No se permite sonreír. ¿Por qué los perritos te lamen las mejillas? ¿Cuál es el cachorro más pequeño que has visto? ¿Cuál es el más grande? ¿El cachorro más gigantesco? ¿Siete pies de alto? ¿Crees eso? Yo tampoco... pero eso sería tremenda lamida.

Doctores. Todos quieren a los médicos…¿cierto? Una vez tuve a un doctor que quería ponerme una inyección. ¿Alguna vez te ha pasado? ¡Tenía una aguja cuál era tan grande que parecía que podría alcanzar el ¨Tiger Stadium¨! ¿Qué crees que hice? ¿¡Estaba asustado!?¿Estaba contento?

La enfermera estaba de un lado y el doctor del otro…¡me tenían rodeado! ¿Me rendí?¿Peleé? Pensé que si me movía lo suficientemente rápido como para que el médico le diera la inyección a la enfermera, ella diría ¨ouch¨ y todos estarían felices. ¡La enfermera no estaba contenta! Me atraparon de todos modos… pero me estaba riendo.

¿Qué tiene esto que ver con los perritos? La inyección no dolió mucho cuando me reía. ¿Puedes llevarte un cachorro grande contigo al médico? ¿Te puedes imaginar con él?¿Puedes hacer que te lama la cara exactamente antes de la inyección?

¿Qué comida se le da a un perrito gigante? ¿Es mejor tener un poquito de dolor ahora, pero evitar bastante dolor después? ¿Son los cachorritos tus amigos? ¿Son los doctores tus amigos? Toma la medicina ahora y siéntete bien.

Gracias a Dios por los doctores y perritos.

13. PACIENCIA

Tías y canicas.

¿Qué son las damas chinas? ¿Cómo se juega? ¿Con canicas? ¿Y los deditos? ¿Cuáles son las reglas? ¿Para llevar las diez canicas de tu lado a mi lado? ¿Un movimiento a la vez? ¿Una canica a la vez?

¿Qué tal las tías? ¿Tienen seis piernas o dos? ¿Hay más de un tipo de tías? ¿Son de tu madre o de tu padre? ¿La hermana de tu madre? ¿Me estás confundiendo? ¿Cómo se escribe tía?

¿Qué tienen que ver las tías con las damas chinas? Si juegas afuera en la acera durante el verano, ¿hay hormigas diminutas corriendo? ¿Con seis patas? ¿Alguna vez viste a una hormiga construir una montaña?

¿Alguna vez has visto a alguien jugar Damas Chinas? ¿Es un juego que demora mucho? ¿Un movimiento a la vez? ¿Para llevar estas diez canicas al otro lado? ¿Estas diez canicas parecen un triángulo? Sí. ¿Qué es un triángulo?

¿ Alguna vez has mirado a una montaña? ¿Alguna vez has mirado un hormiguero? ¿Los dos parecen triángulos? ¿Un grano de arena a la vez? ¿Qué hay de las pirámides de Egipto?

¿Sabes jugar a las Damas Chinas? ¿Puedes construir un hormiguero? ¿Puedes construir una montaña? ¿Sí? ¡Sí! ¿¿Cómo??

Un grano de sal a la vez. Anda y construye una montaña.

Gracias a dios por los constructores de montañas.

14. EL CREER

Mar, ver

¿Qué es el mar? No, no la letra ¨C¨. Mar, como agua... mojada. ¿Ves una ola gigante? ¿Qué hace las olas? ¿Qué es una ola? ¿Una protuberancia en el agua?¿La protuberancia se mueve hacia la tierra?

¿Qué es ver? Este es el differente...con ojos. ¿Qué es ver? ¿Mirar un pedazo de papel y ver las letras? ¿Qué significa el sonido 'See...see' en español? significa sí... si.

¿Ya estás confundido? La palabra 'confundido' comienza con la letra ¨C¨. Esa letra conecta las cosas. ¿Puede la forma de la letra 'C' servir para colgar los abrigos, como un gancho?

¿De dónde vienen todas esas C? Existe el mar húmedo, como el Mediterráneo, el ojo ve mira, el español ´sí...sí´, y el gancho C. ¿Hay más CCCCC´s?

A lo mejor solo uno. ¿Qué otra C hay? ¿Qué tal cuando te pregunté si podías ver una ola gigante? Hubo algunos 'sí'. ¿Puedes ver esa ola ahora, aunque no esté aquí? Sí, todos podemos.

¡Puedes ver algo que no está aquí! ¡Asombroso! ¿Puedes ver el dolor? Si te lastimas la rodilla, ¿puedes ver el dolor? ¿No? No, no puedes ver el dolor, pero está ahí... es real... ¿no es así?

Eso, hijos, es el otro ver. Para ver algo que no existe, como una ola gigante, o el dolor. Viendo es creyendo. Viendo es tener fe.

Gracias a Dios por los mares y la fuerza para tener fe.

15. PIENSA BIEN

Ninja y un pato.

¿Tienes una sombra? ¿En un dia sabado? ¿Está frente a ti o detrás de ti? ¿Alguna vez has tratado de agarrar tu sombra? ¿Es muy rápido para ti? ¿Ha tratado de salir a la calle en un día soleado, con una bolsa de la compra, para traer un poco de sol a la casa?

Muelle. ¿Qué es un muelle? ¿Es donde guardamos nuestros botes? ¿O es un médico con poca estatura? ¿Qué hacen los médicos? ¿Quién dijo ¨médico cúrate a ti mismo¨? (Lucas 4:23) ¿Qué es un médico? Médico significa lo mismo que médico. ¿Qué significa 'doctor, cúrate a ti mismo'?

¿Alguna vez tu sombra se enfermó? ¿Por qué no? Todo lo que necesita es un poco de sol para mantenerse saludable... ¿verdad? ¿Alguna vez tu cuerpo se ha enfermado? ¿Te gusta estar enfermo? La medicina es deliciosa... ¿verdad?

¿Qué hace un Ninja para vivir? ¿Luchar contra los malos? ¿Qué hace un doctor? ¿Reparar a los enfermos? ¿Cómo? ¿Con pastillas? ¿Jesús quiso decir que los médicos estaban enfermos? Si te rompes un hueso, ¿el médico cura el cuerpo o el cuerpo se cura solo? ¿Qué quiso decir Jesús? ¿Estaban enfermos los médicos? ¿O los pensamientos del doctor estaban mal?

¿Un ninja arregla las cosas? ¿Un ninja te hace sonreír?¿Jesús quiso decir que los doctores arreglaran sonrisas frente a nada? ¿Deberían arreglar sus propias sonrisas primero?

¿Hay un Ninja en tu sombra? ¿Dónde escondes tus sonrisas? en tu sombra? ¿Deberían los médicos y los ninjas reparar las sonrisas?

Gracias a Dios por los doctores y Ninjas, ojalá que arreglen sus sonrisas y la tuya también.

16. LA MANO DE DIOS

Dedo y una taza.

¿Son tus pulgares grandes dedos? ¿Tus dedos pueden hablar? ¿Alguna vez has visto a la gente sorda hablar con los dedos? ¿La gente ciega habla con los dedos? ¿Qué ven los ciegos?

¿Puede una copa ver? ¿Puede sentir? ¿Puede oír? ¿Puede saborear el dulce sabor del jugo de naranja? ¿Puede una copa oler un pan de canela?

¿Un dedo puede oír? ¿Puede ver? ¿Puede oír? puede tener sabor? ¿No? ¿Qué pasa si haces una abolladura en el glaseado de chocolate espeso con el dedo y luego te lo metes en la boca? ¿Se te hace agua la boca ahora mismo? ¿Qué sienten los dedos? ¿Puede tu dedo sentir?

¿Qué clase de copas hay? ¿Grandes? ¿Pequeña? ¿de plata? ¿tazas chinas? ¿Qué tal los dedos? ¿Qué tipos de dedos hay? ¿Dedos grandes? ¿Dedos pequeñitos de bebés recién nacidos? ¿Dedos grandes? ¿Dedos flacos? ¿Hay dedos de diferentes colores?

¿Las copas se pelean entre sí? ¿Tus dedos se pelean entre ellos? ¿Cuántos dedos tienes? ¿Cuántos mandamientos hay? ¿Diez?

Si llenas tu copa con agua helada y la bebes, ¿saciará tu sed? Si usas una taza pequeña, ¿quedará suficiente agua para tu vecino? ¿Pueden los dedos grandes ayudar a los dedos pequeños a beber del vaso? ¿Pueden los dedos verdes ayudar a los dedos rojos a beber de la copa? Cada uno de nosotros es como un dedo de la mano de Dios... ayudémonos unos a otros.

Que Dios bendiga a los ayudadores. Que Dios bendiga los diferentes colores.

17. ABRE TU CORAZÓN

Gallina y un cerco.

¿Qué es un portón? ¿Es parte de una cerca? ¿Que es una cerca? ¿La cerca separa las cosas? ¿Separan la tierra? ¿Separa a la gente? ¿Qué significa separar?

¿Qué hace la gallina para vivir? ¿Existen diferentes clases de gallinas? ¿Hay gallinas que ponen huevos? ¿Hay gallos que gritan al amanecer y te despiertan? ¿Las gallinas tienen plumas? ¿Hacen cosquillas las plumas?

¿Qué es una puerta? ¿Es una puerta en una valla por la que puedes pasar? ¿Una cerca mantiene a las gallinas adentro? ¿Las gallinas se rascan? ¿Nucar la tierra? ¿Por qué? ¿Para la comida? ¿Las gallinas vuelan sobre la cerca?

¿Puedes oler el olor a tocino y huevos? ¿Te gusta el sabor del tocino y los huevos y las tostadas con mermelada? ¿Te gusta el sabor del pollo frito? ¿Tu vecino vive al otro lado de esa cerca?

¿La cerca impide que el delicioso olor a huevos y tocino llegue a tu vecino? ¿La cerca detiene a la gallina para que no vuele por encima? Abre tu cerca y tu corazón. Reparte tu riqueza con tu vecino. El te dará manzanas para pasteles de manzana y compartirá amistad para calentar tu corazón.

Gracias a Dios por las gallinas y portones y los vecinos. Que Dios te conceda el coraje para abrir el portón.

18. COMPARTE

Silencio y un reloj.

¿Qué es el silencio? Shhhh. No te puedo oir. ¿El silencio es tranquilo? ¿Qué escuchas cuando está tranquilo? ¿Un grillo? ¿Un pájaro? ¿Un elefante? ¿Un conejo? ¿Qué sonido hace un conejo cuando habla?

Tick-tock, tick-tock. ¿De qué es ese sonido? ¿Un reloj? ¿Qué clases de reloj hay? ¿Reloj de alarma? A todo el mundo le gustan los relojes de alarma… ¿verdad? ¿Qué tal los relojes-radios? Relojes que forman parte de torres... Big Ben en Londres. ¿Alguna vez has escuchado el Koo-Koo de un reloj? ¿Qué tal un reloj de muñeca? ¿En un reloj de muñeca un reloj pequeño? Existen relojes digitales y hay relojes que son más difíciles de descifrar.

¿Los conejos usan relojes? ¿Y un elefante necesita un reloj para la muñeca gigante? ¿Y los patos? ¿Usan relojes? ¿Qué hace un reloj para vivir? ¿Qué hace un grillo para vivir?

¿Qué hora es? ¿Es hora de ir a la iglesia? ¿Es tiempo de día? ¿Es la época de invierno? ¿Es ayer? ¿Es mañana?¿Es tiempo de la cena? ¿A qué huele el tiempo para la cena?

¿Es hora de estar en silencio o es tiempo de hablar? ¿O es el silencio tiempo de escuchar? ¿Para escuchar qué? ¿Para escuchar tus pensamientos? ¿Para escuchar a tu corazón? ¿Para escuchar a tu pastor? ¿Para escuchar a Jesús? ¿Qué dijo él? ¨Con la misma medida con la que medís, os volverán a medir" (Lucas 6:38) ¿Qué significa eso?

¿Significa compartir tus juguetes? ¿Significa compartir tus golosinas con otros? ¿Significa que es tiempo de ser un amigo? ¿Todos estos relojes alrededor del mundo, sobre los elefantes y en los edificios altos, significan que es hora de compartir tu comida con tu vecino? ¿Significa que es hora de dejar de pelear y empezar a abrazar?

Gracias a Dios por la comida, los abrazos y el tiempo y el silencio para compartir.

19. MARCAPASOS

Helicóptero y un camión.

¿Alguna vez has visto unas hojas que salen de los árboles y dan vueltas como un helicóptero cuando caen? ¿Qué son? ¿Son hojas? ¿Son semillas de arce? ¿Pueden crecer grandes árboles de ellos?

¿Cuántas llantas tiene un camión de 18 llantas? ¿Te gustan los camiones? ¿Qué diferentes tipos de camiones? Camiones grandes y camiones de juguete. ¿Qué hacen los camiones para vivir? ¿Mueven cosas?

¿Hay otros tipos de helicópteros? ¿Qué cosas mueven los helicópteros? ¿Mueven gentes y materiales? ¿Mueven pistolas y balas? ¿Mueven el aire con sus aspas? ¿Mueven soldados?

¿Qué clases de cosas mueven los camiones? ¿Almohadas y malvaviscos? ¿Tierra y cemento? ¿Pan y mantequilla? ¿Vacas y gallinas? ¿Alguna vez has visto un camión mover una casa? ¿Camiones mueven a soldados? ¿Los camiones mueven pistolas y balas?

Camiones mueven libros y agua. Los helicópteros vuelan sobre los libros y el agua. ¿Para dónde van? Los helicópteros y camiones son nuestros amigos y ayudantes. ¿Pueden ser amigos del mundo?

Vamos a llenarlos con amistad y mandarlos alrededor del mundo. Bienaventurados en pacificadores; porque ellos serán llamados hijos de Dios (Mateo 5:9).

Gracias a Dios por los camiones y los helicópteros.

20. TRABAJO

Cola y una galleta.

¿Qué es un cuento? ¿Es eso una historia? ¿Una historia sobre qué? ¿Acerca de ti? ¿Hay otros tipos de colas? colas de perro? Una cola de perro que parece una cola de cerdo. ¿Cómo es la cola de un cerdo? ¿Los peces tienen cola? Galletas. ¿Qué es una galleta? ¿Es eso lo que sofocas con salsa? ¿Y entonces que? ¿Lo recoges con un tenedor? ¿Y entonces que? ¿Tomas el borde del tenedor y cortas la galleta? ¿Y entonces que? ¿Tomas el tenedor y lo clavas en la pequeña porción de la galleta? ¿Y entonces que? ¿Acercas el tenedor a tu boca? ¿Y entonces que? ¿Abres mucho la boca? ¿Y entonces que? ¿Te metes la galleta y la salsa en la boca? ¿Cierras la boca alrededor del tenedor? ¿Puedes probar la salsa? ¿Se derrite en tu boca? ¿Puedes masticar la galleta lentamente? No olvides sacar el tenedor. ¿Es hora de comer la comida ahora?

¿Es la cola el principio o el final de algo? ¿Alguna vez has visto a un perro perseguir su propia cola? ¿Por qué hace eso? Cuando persigue su propia cola, ¿va en círculos?

No olvides el tenedor. ¿Dónde está? ¿Está listo para otro viaje del plato a la boca? ¡Esperar! ¡No todavía! ¿Cuántas personas, **trabajando duro**, se necesitaron para hacer el plato en el que está tu comida? ¿Qué tal el tenedor? ¿Cómo hacen los tenedores? ¿Cuántos agricultores se necesitaron para cultivar la harina para la galleta? ¿Qué hay de la salsa, de dónde vino? ¿Del **trabajo duro** de otros?

¿Eres un trabajador duro? Las galletas y la salsa saben mejor cuando has trabajado. ¿Ayudaste a poner la comida en la mesa? Si eres trabajador, toma el tenedor y toma otro bocado. ¿Quién va a lavar los platos? Así como la cola de un perro sigue al perro, las recompensas del trabajo siguen al trabajo. Los trabajadores también ayudan con los platos.

Gracias a Dios por todos los trabajadores que comparten su trabajo con los demás.

21. MÁS TRABAJO

Dólares y donas.

¿Qué es un dólar? ¿Es un dólar 100 centavos? ¿Es un dólar 10 centavos? ¿Es un dólar 4 monedas de 25 centavos? ¿Es un dólar de plato un dólar? ¿Cómo puede una cosa tener tantas formas? ¿Es un dólar de papel dólar? ¿Para qué sirve un dólar?

¿Que es una dona? ¿Algunos tienen azúcar encima? ¿Algunos tienen un hueco en el centro? ¿Algunos tienen jalea en el centro? ¿Diferentes tipos de jalea? ¿Cómo fresa? ¿Como frambuesa? ¿Como chocolate?

¿A todo el mundo le gusta el dólar? ¿Por qué? ¿Qué puedes hacer con este dólar? ¿Puedes comprar golosinas a un dólar? ¿Puedes comprar helado con dólares? ¿De dónde vienen los dólares?

¿Puedes imaginarte esta caja grande de donas invisibles que tengo? Todos van a tener la oportunidad de tener solo una dona invisible. ¿Cuál escogen? ¿De dónde vienen las donas? ¿El pastelero hace las donas?

¿Quién dijo: ¨Porque la raíz de todo el mal es el amor al dinero¨? (1 Timoteo 6:10). ¿De dónde viene el dinero? ¿De trabajo duro? ¿De dónde vienen las donas? ¿Del **trabajo duro y caliente** del pastelero? ¿Es un dólar, es dinero? ¿Cambiarías tu trabajo fuerte por un dólar o una dona? ¿Cuál es el mejor amar? ¿El dólar, la dona o el trabajo duro?

Gracias a Dios por todos y ama al trabajo duro…te dará todo.

22. FUERZA SUAVE

Una roca y agua.

Una roca. ¿Qué tan grande es una roca? ¿Es lo suficientemente pequeño para caber en esta iglesia? ¿Qué tamaño tiene la roca de Gibraltar? ¡¿Enorme!? ¿De qué están hechas las rocas? ¿Son pesadas las rocas? ¿Tienen gelatina adentro? ¿Es una piedra una roca bebé?

¿Qué tal el agua? ¿Es pesado? ¿El agua tiene el mismo tamaño que las rocas? ¿Es un río tan grande como una roca? ¿El agua helada sabe bien en un día caluroso? ¿Qué forma tiene el agua? ¿Cómo recogemos el agua? ¿Sabías que la mayoría de las personas están hechas de agua?

¿Puede el agua cambiar la forma de una roca? ¿Qué le sucede al agua cuando se enfría mucho? ¿Se convierte en hielo? ¿Es tan duro como una roca? ¿Están las piedras rodando por ahí? ¿Por qué? ¿Son empujados por el agua? ¿Puede una roca cambiar la forma del agua?

¿Puedes hacer tus manos en forma de puños? ¿Parecen pequeñas rocas?

¿Tu puño te hace ver enojado? ¿Puedes sacar un trago del arroyo con las manos en forma de puño? ¿Qué tal si haces que tus manos tengan la forma de una taza? ¿Puedes tomar un trago ahora?

¿Cuál es más poderoso? ¿La roca, el agua? Tus manos son las más poderosas. Puedes sostener la roca. Puedes moldear el agua. Cuando bebes del manantial de la vida, ¿obtendrás más agua con un puño airado, o con un suave vaso de tu mano?

Gracias a Dios por las rocas y el agua. Gracias a Dios sobre todo por las manos que pueden formar muchas cosas. Gracias a Dios por las manos en forma de oración. Manos fuertes y suaves.

23. FELICIDAD

Una foto y una campana.

¿Una foto de que? ¿Una jarra de agua llena de leche? ¿Una foto de una árbitro de baloncesto? ¿Con una sonrisa en la cara? ¿Justo después de lanzar una pelota rápido? ¿Por qué está sonriendo? ¿El baliador se tacho? ¿O ella está pensando en un vaso de leche fría?

¿Qué sonido hace una campana? ¿Has oído hablar de la campana de la libertad que está en Filadelfia? ¿Hay campanas en la escuela para anunciar que hora es? ¿Las iglesias tienen campanas que suenan? ¿Los teléfonos tienen timbres? ¿Puedes saborear la campana cuando suena? ¿Qué tal la campana de la cena?

¿Puedes pintar una foto? ¿En tu mente? ¿Una foto de qué? ¿Tu escoges? ¿De que es tu foto? ¿Es una imagen feliz? ¿Es una foto de Navidad? ¿De juguetes y regalos? ¿De un bebé nacido en un pesebre? ¿Qué es un pesebre? ¿El bebe se llama Jesús? ¿Puedes ver las muchas luces de diferentes colores que adornan los árboles de Navidad? ¿Puedes oler los olores de una cena de Navidad? ¿Puedes saborear el sabor de la cena de Navidad? ¿Puedes sentir la felicidad de la Navidad? ¿Puedes oír las campanas de la iglesia tocando con alegría?

¡Gracias a Dios por Jesús!

¿Puedes llevar esta foto contigo todos los días? ¿Puedes mirar esta imagen cuando quieras? ¿Puedes ver la imagen cada vez que escuchas una campana? ¿La Navidad se trata de dar y compartir?

Comparte tu felicidad todos los días.

24. KNOCK KNOCK

Candado y luces.

¿Qué es un candado? ¿Hay cerraduras en las puertas? ¿Hay cerraduras en los coches? ¿Estas cerraduras te impiden abrir puertas? ¿Hay candados en los libros? ¿Hay cerraduras en tu mente? ¿Quién fue el que dijo: ¨Llamad y será uno para vosotros?¨ (Lucas 11:9)

Luces de parada. ¿Alguno de ustedes ya maneja autos? ¿De qué color son las luces de freno? ¿Son rojos? ¿Son verdes a veces? Entonces son para proceder. ¿Qué significa una luz amarilla? ¿Ser cuidadoso? ¿Ser cuidadoso? ¿Para reducir la velocidad? ¿De qué color son las luces frentes del auto? ¿Te pusiste el cinturón de seguridad?

¿Quién tiene las llaves de estas cerraduras? ¿Los dueños? ¿Quién tiene la llave para abrir tu mente? ¿No tiene candado? ¿Puedes responderme una pregunta? ¿Cómo obtienes historias de la Biblia? ¿Abres el libro y te lo echas por la oreja? ¿O dices, ¨Oh no, otra vez no¨?

¿Qué más dijo Jesús? ¿Dijo: ¨Buscad y hallaréis¨? ¿Dijo: ¨Pedid y se os dará¨? ¿Qué quiso decir Jesús?

¿Significó tocando puertas hasta encontrar la adecuada para abrir? ¿Quería seguir buscando en la Biblia hasta encontrar todas las respuestas? ¿Quiso seguir preguntando hasta que te lo hayan dado todo? ¿De qué estaba hablando? ¿Estaba hablando de pedir bicicletas y galletas? No. Estaba hablando de buscar respuestas... la búsqueda del conocimiento.

Si deseas algo lo suficiente y sigues orando por ello, lo obtendrás... después de haber trabajado por ello y pagado el precio.

Deshazte de los candados y cadenas que están en tu mente. Toca las puertas y enciende la luz verde...y busca respuestas. Nunca dejes de buscar. Nunca dejes de hacer preguntas.

Gracias a Dios por las puertas y las cerraduras y las luces y las preguntas.

25. PECECILLOS Y BALLENAS

Relámpago y pez.

¿Qué es un relámpago? ¿Es un gran ruido? ¿Cuándo sucede el relámpago? ¿De qué color es? ¿Hay tormenta cuando hay truenos? ¿Puedes oír un trueno desde muy lejos? ¿Cuando abres un libro hace el ruido de un relámpago? ¿Puedes saborear un relámpago? ¿Puedes oler un relámpago?

Pescado. ¿Cuántos tipos de peces hay? ¿Algunos son gigantes? ¿Algunos peces son pequeños? ¿Los peces tienen hermanos y hermanas? ¿Son azules los océanos? ¿El pez grande se come al pez pequeño? ¿Hay más peces pequeños que peces grandes? Cuando los peces viajan juntos, ¿se llama escuela? ¿Por qué lo llaman escuela?

¿Los peces oyen el trueno? ¿Los peces tienen libros en sus escuela? ¿Aprenden algo en sus escuelas? Si tomamos un gran contenedor de agua azul del océano y lo lanzamos sobre el fuego del rayo, ¿se apagará el fuego? Si no hubiera relámpagos, ¿habría truenos?

¿Los peces necesitan relámpagos? ¿Tu necesitas relámpagos? Cuando abres un libro y lees, ¿lo escuchas tronar? Si echas bastante de agua azul sobre un rayo, ¿se mojarían todas las personas que están debajo? Cuando no hay relámpagos, ¿podemos llamar a eso trueno azul?

¿Está el trueno azul en silencio? Sí. ¿Tus pensamientos están en silencio? Abre algunos libros y haz un trueno azul. Abre la biblia y lee.

Gracias a Dios por los peces, los relámpagos y la biblia.

26. CORAGE

León y una computadora.

¿Sabes lo que es un león? ¿Un animal feliz? ¿Un animal de 4 patas que parece un gato gigante? ¿Cómo viven los leones? ¿Se mueven en manada? ¿Se van de cacería? Viajan en pandillas? ¿Su casa se llama guarida? ¿Alguna vez has oído hablar de Daniel en el foso de los leones?

¿Que es una computadora? ¿Un montón de cables e información atados en nudos? ¿Qué hacen las computadoras? ¿Le dicen a los autos cómo actuar? ¿Nos dicen cuánto cuesta la comida en la tienda? ¿Controlan los teléfonos? ¿Controlan la televisión? ¿Las computadoras controlan las puertas de nuestras mentes? ¡No todavía!

¿Quién fue Daniel? (Daniel 6:10-24). ¿Era amigo del rey Darius? ¿Daniel oraba tres veces al día? ¿Los enemigos de Daniel engañaron al rey? ¿Por qué Daniel tenía enemigos? ¿Estaban celosos de él? ¿Los enemigos de Daniel obligaron al rey Darius a arrojar a Daniel al foso de los leones?

¿Tenía Daniel una computadora para abrir la puerta del estudio? ¿Tenía un látigo para asustar a los leones? ¿A los leones les gusta comer? ¿Tenían hambre? ¿Estaban lamiendo sus chuletas? ¿Daniel tenía miedo? ¿Se comieron a Daniel? ¿Por qué no? ¿Qué armas tenía Daniel?

Daniel no tuvo miedo. ¿Por qué no? ¿Tenía fe en que Dios lo protegería? ¿Dónde mantuvo esa fe? ¿Lo tenía en su corazón? ¿Era la mente de Daniel más poderosa que una computadora? La mente de Daniel sabía que había un león en su corazón que era más poderoso que los leones en el foso. ¿Estaba la fuerza de Daniel en su corazón y en su mente? Daniel esperó con calma. Sabía que el Señor estaba con él. La roca gigantesca fue apartada de la puerta de la guarida a la mañana siguiente, cuando Daniel fue liberado. Él no fue dañado. El rey Darius convirtió a los enemigos de Daniel en cebo para leones.

¿Puedes entrenar tu mente para que sea más poderosa que una computadora? ¿Puedes aprender más sobre el león que está en tu corazón? ¿Puedes tener la fe y la paciencia que tuvo Daniel? ¡Sí!

Gracias a Dios por los Leones y las computadoras. Conoce al león en tu corazón.

Printed in the United States
by Baker & Taylor Publisher Services